Behüte mich

in dieser Nacht

Ulrike Strerath-Bolz (Hg.)

Behüte mich
in dieser Nacht

Gebete für den Abend

Vier-Türme-Verlag

Inhalt

Geborgen

Dankbar

Vertrauend

Verbunden

Geborgen

Von Gottes Segen umfangen

Abendsegen

ANSELM GRÜN

Herr, segne diese Nacht,
dass sie für mich eine heilige Zeit wird,
eine Zeit, in der du selbst zu mir sprichst im Traum.
Segne meinen Schlaf,
damit ich mich erholen und
morgen mit neuer Kraft aufstehen kann,
um das zu vollbringen, wozu du mich berufen hast.
Segne mich in dieser Nacht,
damit ich in deinen guten und
zärtlichen Händen geborgen bin.
Bewahre mich vor Krankheit und Tod.
Sende deine heiligen Engel,
damit sie mich in Frieden behüten.
Und segne auch alle,
die heute Nacht weinen, weil sie traurig sind.
Segne die, die nicht schlafen können.
Zeige ihnen, dass du deine gütige Hand
über sie hältst.
So segne mich und alle, die mir lieb sind,
der gütige und barmherzige Gott,
der Vater, der Sohn und der Heilige Geist.

Nachtgebet

Herr, auf dich vertraue ich,
in deine Hände lege ich mein Leben.

Sei unser Heil, o Herr, wenn wir wachen,
und unser Schutz, wenn wir schlafen;
damit wir wachen mit Christus
und ruhen in seinem Frieden.

Nun entlässt du, o Herr, deinen Knecht
nach deinem Wort in Frieden.
Denn meine Augen haben dein Heil gesehen,
das du bereitet hast vor allen Völkern:
Licht, das den Heiden Offenbarung schenkt,
und Herrlichkeit für dein Volk Israel.

Ich lege mich in deine Hände

ULRIKE STRERATH-BOLZ

Guter Gott, ich liege im Bett
und lege mich in deine guten Hände.
Lass mich dort getrost und voll Vertrauen
geborgen sein.
Ich berge mich in deine liebevollen Arme,
wie ein Kind sich in die Arme seiner Mutter birgt.
Umhülle mich in dieser Nacht
mit deiner Liebe und deinem Frieden.
Befreie mich von allem Druck,
unter den ich mich immer wieder stelle.
Schenke mir die Fähigkeit,
mich einfach in deine Arme fallen zu lassen,
im Vertrauen,
dass du mich auffängst
und ich bei dir ruhig schlafen kann.

Gebet der Hingabe

EDITH STEIN

Ohne Vorbehalt und ohne Sorgen
leg ich meinen Tag in deine Hand.
Sei mein Heute, sei mein gläubig Morgen,
sei mein Gestern, das ich überwand.

Frag mich nicht nach meinen Sehnsuchtswegen:
bin in deinem Mosaik ein Stein.
Wirst mich an die rechte Stelle legen.
Deinen Händen bette ich mich ein.

Mein Herr und mein Gott

Mein Herr und mein Gott,
nimm alles von mir,
was mich hindert zu dir.
Mein Herr und mein Gott,
gib alles mir, was mich fördert zu dir.
Mein Herr und mein Gott,
nimm mich mir
und gib mich ganz zu eigen dir.

Birg uns im Schatten deiner Flügel

Gib, dass wir uns hinlegen, Gott, zum Frieden.
Und lass uns wieder aufstehen zum Leben.
Breite über uns das Zelt deines Friedens
und richte uns auf durch ein Wort von dir.
Hilf uns um deines Namens willen,
schütze uns und wende von uns ab
Hass, Krankheit und Gewalt.
Lass jedes Hindernis weichen
vor uns und hinter uns.
Birg uns im Schatten deiner Flügel,
denn du bist ein gnädiger und barmherziger Gott.
Behüte unser Kommen und Gehen
zum Frieden und zum Leben
von nun an bis in Ewigkeit.

Gebet um eine ruhige Nacht

Deine heiligen Engel,
o Christus,
mögen unseren Schlaf, unserer Ruhe,
unser Bett bewachen.

Mögen sie uns im Schlaf
Traumbilder der Wahrheit zeigen.
Weder Dämonen noch Unheil,
weder Verderben noch böse Träume
mögen unsere Ruhe
und unseren tiefen, festen Schlaf stören.

Heilig möge unser Erwachen sein,
unsere Arbeit und unser Tagwerk,
wie unser Schlaf und unsere Ruhe,
ohne Störung und ohne Unterlass.

Bleibe bei uns, Herr

GEORG CHRISTIAN DIEFFENBACH

Bleibe bei uns, Herr,
denn es will Abend werden
und der Tag hat sich geneigt.
Bleibe bei uns
und bei deiner ganzen Kirche.

Bleibe bei uns
am Abend des Tages,
am Abend des Lebens,
am Abend der Welt.

Bleibe bei uns
mit deiner Gnade und Güte,
mit deinem heiligen Wort und Sakrament,
mit deinem Trost und Segen.

Bleibe bei uns,
wenn über uns kommt
die Nacht der Trübsal und Angst,
die Nacht des Zweifels und der Anfechtung,
die Nacht des bitteren Todes.

Bleibe bei uns
und bei all deinen Gläubigen
in Zeit und Ewigkeit.

Ich liege, Herr, in deiner Hut

Ich liege, Herr, in deiner Hut
und schlafe ganz mit Frieden.
Dem, der in deinen Armen ruht,
ist wahre Rast beschieden.

Du bist's allein, Herr, der stets wacht,
zu helfen und zu stillen,
wenn mich die Schatten finstrer Nacht
mit jäher Angst erfüllen.

Ich achte nicht der künft'gen Angst.
Ich harre deiner Treue,
der du nicht mehr von mir verlangst,
als dass ich stets aufs Neue

zu kummerlosem, tiefem Schlaf
in deine Huld mich bette,
vor allem, was mich bitter traf,
in deine Liebe rette.

Ich weiß, dass auch der Tag, der kommt,
mir deine Nähe kündet
und dass sich alles, was mir frommt,
in deinem Ratschluss findet.

Du hast die Lider mir berührt.
Ich schlafe ohne Sorgen.
Der mich in diese Nacht geführt,
der leitet mich auch morgen.

Gebet mit geöffneten Händen

ANSELM GRÜN

Herr, ich halte dir meine Hände hin,
alles, was sie heute in die Hand genommen haben,
alles, was mir gelungen und misslungen ist.
Ich halte dir die Menschen hin,
denen ich heute die Hand gereicht habe,
und die, denen ich sie verweigert habe.
Ich halte dir hin, was ich geformt und gestaltet habe
und was mir aus der Hand geglitten ist.
Ich halte dir in meinen Händen diesen Tag hin,
so wie er war.
Ich verzichte darauf, zu beurteilen und zu bewerten,
was war.
Ich überlasse dir das Urteil.
Ich vertraue dir, dass du alles verwandeln kannst,
was heute war.
Ich übergebe dir den Tag.
Manchmal hatte ich das Gefühl,
dass mir alles zwischen den Fingern zerrinnt,
dass der Tag nur Stückwerk war.

Füge du zusammen, was zerstückelt ist.
Ich lege meinen Tag und alles, was ich heute
in die Hand genommen habe,
in deine guten und zärtlichen Hände.
Halte du deine schützende Hand über mich.
Lass mich heute Nacht in deiner guten Hand
geborgen sein.
Du hast deinen Namen in meine Hand geschrieben
und meinen Namen in deine Hand.
So lass mich in dieser Hand spüren,
dass ich in dir bin und du in mir.
In dir darf ich nun ruhen.
Und du wirst bei mir und in mir sein,
wenn ich schlafe.
Lass dein Licht in meinem Herzen leuchten,
wenn ich mich der Dunkelheit der Nacht anvertraue.
Und halte deine schützende Hand über meine Familie
und über alle, die mir lieb sind.

Abendsegen

Lege deine Hand, o Gott, unter mein Haupt,
lass dein Licht leuchten über mir.
Der Segen deiner Engel schütze mich
vom Scheitel bis zur Sohle.

Gedenke nicht der Unzahl meiner Sünden,
richte nicht nach dem,
was ich an diesem Tag getan.
Vergiss mich nicht, wenn du die Deinen zählst.

Der Segen Christi komme über mich
und berge meine Seele in Frieden.
Starker Gott, schütze mich,
bei Tag und Nacht, in jeder dunklen Stunde,
bis strahlend schön die Sonne über den Bergen aufgeht.

Hilfe kommt dir vom Herrn

Ich hebe meine Augen auf zu den Bergen:
Woher kommt mir Hilfe?
Hilfe kommt mir vom Herrn,
der Himmel und Erde gemacht hat.
Er lässt deinen Fuß nicht wanken,
der dich behütet, schläft nicht.
Wahrlich, der Hüter Israels,
er schläft und schlummert nicht.
Der Herr ist dein Hüter!
Der Herr ist dein Schatten zu deiner Rechten!
Bei Tag kann dir die Sonne nicht schaden
und nicht der Mond in der Nacht.
Der Herr behütet dich vor allem Unheil,
er behütet dein Leben.
Der Herr behütet dein Gehen und Kommen
von nun an auf ewig.

Dankbar

An guten und
gewöhnlichen Tagen

Am Ende eines guten Tages

ANSELM GRÜN

Guter Gott, ich danke dir
für den vergangenen Tag.
Du hast mir so viel geschenkt.
Ich danke dir für die Begegnungen,
die ich heute hatte,
für die Gespräche,
in denen ich das Geheimnis berührt habe,
das uns alle umfängt.

Die Arbeit ist mir heute leicht von der Hand gegangen.
Ich danke dir für das, was mir heute geglückt ist.
Ich danke dir für alles,
was du mir heute in die Hand gelegt hast
und was ich an andere weitergeben durfte.

So lege ich mich dankbar nieder
und vertraue mich deinen guten Händen an.
Sende mir auch heute Nacht deinen Engel,
damit er mich behütet und über mich wacht.
Er soll mir gute Träume schicken,
die mir neue Wege weisen
für den morgigen Tag.

Lass mich langsamer gehen

Lass mich langsamer gehen, Herr.
Entlaste das eilige Schlagen meines Herzens
durch das Stillwerden meiner Seele.
Lass meine hastigen Schritte stetiger werden
mit dem Blick auf die weite Zeit der Ewigkeit.
Gib mir inmitten der Verwirrung des Tages
die Ruhe der ewigen Berge.
Löse die Anspannung meiner Nerven und Muskeln
durch die sanfte Musik der singenden Wasser,
die in meiner Erinnerung lebendig sind.
Lass mich die Zauberkraft des Schlafens erkennen,
die mich erneuert.
Lehre mich die Kunst des freien Augenblicks.
Lass mich langsamer gehen,
um eine Blume zu sehen,
ein paar Worte mit einem Freund zu wechseln,
einen Hund zu streicheln,
ein paar Zeilen in einem Buch zu lesen.
Lass mich langsamer gehen, Herr,
und gib mir den Wunsch,
meine Wurzeln tief in den ewigen Grund zu senken,
damit ich emporwachse
zu meiner wahren Bestimmung.

Der Herr ist mein Hirte

Der Herr ist mein Hirt,
nichts kann mir fehlen.
Auf grünen Auen lässt er mich lagern.
Er führt mich zur Ruhe an frische Wasser,
er stillt mein Verlangen.
Er leitet mich auf rechten Pfaden
getreu seinem Namen.
Muss ich auch gehen in finsterer Schlucht,
ich fürchte kein Unheil:
Du bist ja bei mir!
Dein Stab und dein Stecken, sie geben mir Zuversicht.
Du deckst mir den Tisch
vor den Augen meiner Bedränger.
Du salbst mein Haupt mit Öl;
bis zum Rande gefüllt ist mein Becher.
Nur Güte und Liebe werden mich verfolgen
alle Tage meines Lebens.
Und wohnen darf ich im Hause des Herrn
bis in die fernsten Tage.

Am Ende eines Tages

QUELLE UNBEKANNT

Herr, hab Dank für diesen Tag.
Was auch immer kommen mag,
weiß ich doch, du bist bei mir.
Guter Gott, hab Dank dafür.

Und nun schlaf ich ruhig ein.
Schicke mir den Engel dein,
dass er treu die ganze Nacht
mich und meinen Schlaf bewacht.

Alle, die mir sind verwandt,
Herr, lass ruhn in deiner Hand.
Kommt der Tag mit hellem Schein,
lass mich wieder fröhlich sein.

In der Stille des Abends

ULRIKE STRERATH-BOLZ

Herr, ich komme zu dir in der Stille des Abends.
Der Tag war laut und geschäftig.
Jetzt wird es ruhig.
Draußen auf den Straßen verebbt der Lärm des Tages.
Und auch in mir kehrt Ruhe ein.

Herr, danke für die Stille.
In ihr kann ich meinen Tag bedenken
und ihn vor dich bringen.

Ich gebe ihn dir zurück.
Er ist nicht mehr so sauber und glatt
wie heute Morgen, als ich ihn von dir empfing.
Er hat Beulen und Schrammen bekommen.
Aber er ist das Beste, was ich dir anbieten kann.
Und in deinen Händen wird er wieder neu.

Herr, in der Stille bitte ich um den Frieden der Nacht.
Segne meinen Schlaf, segne die Menschen, die ich liebe.
Behüte auch die, die mir Mühe machen.
Und lass uns morgen fröhlich aufwachen.

Nachtgebet

Die Nacht ist die Decke deines Friedens, Gott,
der Rhythmus deiner Ruhe für alle Menschen.
Die Nacht ist der Mantel deiner Freundlichkeit, Gott,
die Wärme deiner schützenden Hand
rings um die Erde.

In ihrer Dunkelheit liegen die Zeichen der Ewigkeit,
die Lebendigkeit deiner Liebe.
Voller Vertrauen auf dich gehen wir schlafen
und geben diesen Tag zurück in deine Hand.
Im Vertrauen auf dich legen wir
die Sorgen dieses Tages zur Seite.

In unserem Schlaf sei du unser Begleiter.
In unserem Erwachen sei du das Geschenk
des neuen Tages.

Gott, geh mit uns.
Jesus Christus, nimm uns an der Hand.
Heiliger Geist, umhülle uns wie eine warme Decke.

Unruhig ist unser Herz

AURELIUS AUGUSTINUS

Herr, du bist groß und hoch zu loben;
groß ist deine Macht,
deine Weisheit ist ohne Ende.
Und dich zu loben wagt der Mensch,
ein winziger Teil deiner Schöpfung,
der Mensch, der dem Tod verfallen ist,
der weiß um seine Sünde und weiß,
dass du dem Hoffärtigen widerstehst;
und dennoch, du selbst willst es so:
Wir sollen dich loben aus fröhlichem Herzen;
denn du hast uns auf dich hin geschaffen,
und unruhig ist unser Herz,
bis es Ruhe findet in dir.

Am letzten Tag des Jahres

ULRIKE STRERATH-BOLZ

Guter Gott, am letzten Abend dieses Jahres
komme ich zu dir, um Dank zu sagen.
Danke für all die Tage und Nächte.
Danke für alles Schöne,
das ich genießen durfte.
Aber auch für alles Schwere,
an dem ich wachsen durfte.
Danke für die Menschen, denen ich begegnet bin.
Danke für die Liebe.
Danke, dass es immer irgendwie weiterging,
auch wenn ich nicht immer wusste, wie.
Danke, dass du immer an meiner Seite bist.
Für deinen Schutz und deine Führung.

Behüte mich auch im neuen Jahr.
Schenke unserer Welt den Frieden,
den sie so dringend braucht.
Und sei bei allen, die mir am Herzen liegen.

Du bist mein Vater

Gott,
du bist mein Vater,
ich danke dir,
weil du das Werk deiner Hände nicht verachtet hast.
Du hast dein Gesicht nicht von mir gewandt.
Du bist das Licht.
Du hast über die Finsternis in mir hinweggeschaut.
Du bist das wahre Leben.
Du hast alles Tote in mir übersehen.
Du bist der Arzt.
Du hast dich von meiner Krankheit
nicht abstoßen lassen.
Du bist ewige Reinheit.
Du hast meine viele Leiden nicht verachtet.
Du bist der Grenzenlose.
Du hast über meine Grenzen hinweggesehen.
Du bist die Weisheit.
Du hast dich von meiner Torheit
nicht abstoßen lassen.

Herr meiner Stunden und meiner Jahre

MARTIN LUTHER

Herr meiner Stunden und meiner Jahre,
du hast mir viel Zeit gegeben.
Sie liegt hinter mir und sie liegt vor mir.
Sie war mein und wird mein,
und ich habe sie von dir.
Ich danke dir für jeden Schlag der Uhr
und für jeden Morgen, den ich sehe.
Ich bitte dich, dass ich ein wenig dieser Zeit
freihalten darf von Befehl und Pflicht,
ein wenig für Stille, ein wenig für Spiel,
ein wenig für die Menschen am Rande meines Lebens,
die einen Tröster brauchen.

Vertrauend

In schweren
Stunden

Am Ende eines schwierigen Tages

ANSELM GRÜN

Guter Vater, der Tag ist heute an mir einfach
vorübergegangen. Ich war nicht bei mir.
Ich habe einfach vor mich hingelebt.

So will ich wenigstens jetzt am Abend
dir diesen Tag noch einmal hinhalten.
Nimm du ihn so, wie er war.
Wenn du ihn annimmst,
dann vermag ich mich auch mit ihm zu versöhnen.

Ich verzichte darauf, mir Vorwürfe zu machen.
Er war, wie er war.
Wenn er in deinen Händen liegt, dann ist es gut.
Dann kann ich ihn mit ruhigem Gewissen loslassen.
Und ich kann mich jetzt in deine Hände fallen lassen.

In dieser Nacht trägst du mich
mit deinen guten und zärtlichen Händen.
Es tut gut, sich in deiner Liebe zu bergen.
So kann ich ruhig schlafen und darauf vertrauen,
dass du mich in dieser Nacht stärkst für den neuen Tag,
an dem du mir eine neue Chance gibst,
alles anders zu machen und neu zu beginnen.

Nachtgebet bei Schuldgefühlen

ULRIKE STRERATH-BOLZ

Gütiger Gott, ich kann nicht schlafen,
denn mein Gewissen klagt mich an.
Ich spüre in mir viele Selbstvorwürfe.
Immer wieder werfe ich mir vor, dass ich unachtsam war,
dass ich falsch gehandelt habe,
dass ich Menschen verletzt habe.

Ich wurde es so gern rückgängig machen,
aber das kann ich nicht.
Und ich kann mich auch nicht
von meinen Schuldgefühlen befreien.

Ich halte dir meine Schuldgefühle hin.
Ich will mich nicht mehr selbst beschuldigen.
Ich halte dir einfach hin, was in mir ist.

Ich überlasse dir das Urteil.
Doch ich vertraue in dieser Nacht darauf,
dass du alles in mir annimmst,
auch das, was falsch war
und wo ich schuldig geworden bin.

Nichts soll dich ängstigen

TERESA VON ÁVILA

Nichts soll dich verwirren,
nichts dich erschrecken.
Alles geht vorbei.
Gott allein bleibt derselbe.
Die Geduld erreicht alles.
Wer Gott hat, dem fehlt nichts:
Gott allein genügt.

Schlaflos

ULRIKE STRERATH-BOLZ

Guter Gott, ich kann nicht aufhören,
an morgen zu denken.
So viele Sorgen rauben mir den Schlaf.
Ich weiß nicht, wie ich das alles schaffen soll.
Die Probleme türmen sich wie ein Berg vor mir auf.
In mir ist so viel Unruhe.

Mein Gott, gib mir Hoffnung und Vertrauen auf dich.
Du wirst nichts von mir verlangen,
was ich nicht schaffen kann.
Lass mich Ruhe finden,
damit ich Kraft für den Tag tanken kann.
Der neue Tag wird neue Hoffnung bringen.
Du wirst mir neue Wege zeigen.

Du bist immer bei mir, auch wenn es schwierig wird.
Schick mir Menschen, die mir helfen.
Und jetzt geh mit mir in diese Nacht
und lass mich in deinen Armen ruhig schlafen.

In einer unruhigen Nacht

ANSELM GRÜN

Barmherziger Gott,
ich wälze mich hin und her und
kann einfach nicht schlafen.
Ich möchte alles loslassen, was mich beschäftigt.
Aber immer wieder tauchen die Gedanken auf.
Ich denke an ein misslungenes Gespräch.
Die Sorgen um meine Kinder lassen mich nicht los.
Ich grüble ständig nach,
wie es mit mir und meiner Familie weitergeht.
Ob wir das Leben bewältigen.
Ich habe Angst, morgen wegen meiner Schlaflosigkeit
keine Kraft zu haben.

Was willst du mir sagen in meiner Schlaflosigkeit?
Von welchen Vorstellungen über mein Leben
soll ich mich verabschieden?
Ich lege mich mit all meiner Unruhe und mit meiner
Unfähigkeit zu schlafen in deine guten Hände.

Ich gebe die Gedanken an Schlafen oder
Nichtschlafen auf.
Ich berge mich in deine Hände, schlafend oder wachend,
im Vertrauen darauf,
dass du mich mit neuer Kraft erfüllst,
auch wenn ich nicht lange schlafe.
Betend vertraue ich mich dir an.
Ich bete nicht, dass du mir Schlaf schenkst,
sondern ich bete, dass du mich mit deinem Geist
immer tiefer erfüllst.

Dann ist es nicht mehr so wichtig,
ob ich schlafe oder wache.
Dann bin ich bei dir und in dir und vertraue darauf,
dass dein Geist mich erfrischt.

In einer Nacht voller Angst

ANSELM GRÜN

Barmherziger und guter Gott,
du kennst alle meine Ängste:
meine Angst, mich zu blamieren,
meine Angst, auf andere zuzugehen,
von anderen verletzt zu werden,
die Angst vor dem Neuen, das auf mich zukommt.
Ich halte dir meine Angst hin und die Ohnmacht,
sie zu überwinden.
Du kennst meine vielen Versuche,
gegen die Angst zu kämpfen.
Sie haben mir nicht geholfen, im Gegenteil,
die Angst ist immer stärker geworden.

Halte deine segnende Hand über mich und meine Angst.
Verwandle meine Angst, dass sie mich näher zu dir führt,
dass sie mich auf dich verweist.
In deinen Händen bin ich geborgen mit meiner Angst.
Befreie mich von den Illusionen, die ich mir über
mich selbst gemacht habe,
dass ich immer stark und erfolgreich
und selbstsicher sein muss.

Führe mich durch die Angst
in den inneren Raum meiner Seele,
in dem du wohnst.
Dort hat die Angst keinen Zutritt.
Lass mich ein wenig ausruhen
in diesem Raum der Stille
und ihn genießen, weil ich dort,
im Innersten meiner Seele,
frei bin von der Angst.
Lass mich von diesem Raum der Stille
mit Vertrauen in die Welt gehen,
ohne Angst vor der Angst,
die mich in der Welt wieder erfassen wird.

Söhne mich aus mit meiner Angst,
damit sie mich immer wieder an dich erinnert
und an den inneren Raum, in dem du in mir wohnst
und mich befreist von aller Angst.

Du bist der Gott, auf den ich vertraue

ULRIKE STRERATH-BOLZ, NACH PSALM 91

Wer unter deinem Schutz schläft, Herr,
ruht sanft in deinem Schatten.
Ich sage zu dir: Du bist meine Burg
und mein Zufluchtsort.
Du bist der Gott, auf den ich vertraue.

Beschütze mich, wenn Menschen mir nachstellen.
Behüte mich vor schwerer Krankheit.
Breite deine Flügel über mir aus.
Sei mir ein schützender Schild, ein Deich, ein Damm.

Behüte mich vor den Schrecken der Nacht
und vor den Gefahren des Tages,
vor Krankheit und Krieg, vor Not und Verzweiflung.
Sei immer bei mir, Herr,
und beschütze mein Haus und meine Lieben.

Du hast deinen Engeln befohlen,
dass sie mich behüten, wo ich auch gehe.
Dass sie mich auf Händen tragen,
damit ich nicht stolpere,
damit ich Gefahren überwinde.

Du hast mir versprochen, dass du bei mir bist,
wenn ich nach dir rufe,
dass du mich rettest aus aller Not.
Ein gutes Leben schenkst du mir,
und wenn es zu Ende geht,
holst du mich zu dir.

In einer Nacht voller Trauer

ANSELM GRÜN

Barmherziger und guter Gott,
ich brauche Trost in meiner Trauer.
Ich bin traurig, weil …

Steh du mir bei.
Ich brauche keine Worte, die mich vertrösten.
Ich brauche einen, der mir zum Trost wird,
der zu mir steht,
der mein Weinen und meine Verzweiflung aushält.
Sende mir solche Menschen
als Trost in meiner Trostlosigkeit.

Sei du selbst mir Trost.
Ich vertraue darauf, dass du mich aushältst
und dass du bei mir bleibst,
auch wenn ich am liebsten
vor mir davonlaufen möchte.
Gib du mir mit deinem Trost wieder Festigkeit,
damit ich Boden unter den Füßen spüre
und wieder aufrecht stehen kann.

Du schaffst mir Raum

ULRIKE STRERATH-BOLZ, NACH PSALM 4

Wenn ich dich rufe, gib mir Antwort, Herr.
Du hältst doch immer zu mir.
Du schaffst mir Raum,
auch wenn es schwierig wird.
Sei mir gnädig und höre mich, wenn ich bete.

Die Mächtigen dieser Welt sind nicht
auf meiner Seite.
Sie lügen und suchen den eigenen Vorteil.
Doch du bist da und hörst,
wenn ich nach dir rufe.

Wenn mir Böses geschieht,
will ich mich nicht rächen.
Ich bringe es im Gebet vor dich
und vertraue auf dich.
Du wirst für mich kämpfen.

Wie so viele Menschen suche ich nach dir.
Schau mich an mit deinem leuchtenden Antlitz.
Du schenkst mir Freude,
die man für Geld nicht kaufen kann.
In Frieden lege ich mich schlafen.
Denn du, Herr, lässt mich sorglos leben.

Verbunden

Miteinander und füreinander beten

Der Mond ist aufgegangen

MATTHIAS CLAUDIUS

Der Mond ist aufgegangen,
die goldnen Sternlein prangen
am Himmel hell und klar.
Der Wald steht schwarz und schweiget,
und aus den Wiesen steiget
der weiße Nebel wunderbar.

Wie ist die Welt so stille
und in der Dämmrung Hülle
so traurig und so hold
als eine stille Kammer,
wo ihr des Tages Jammer
verschlafen und vergessen sollt.

Seht ihr den Mond dort stehen?
Er ist nur halb zu sehen
und ist doch rund und schön.
So sind wohl manche Sachen,
die wir getrost belachen,
weil unsre Augen sie nicht sehn.

So legt euch, Schwestern, Brüder,
in Gottes Namen nieder;
kalt ist der Abendhauch.
Verschon uns, Gott, mit Strafen
und lass uns ruhig schlafen.
Und unsern kranken Nachbarn auch.

Abendgebet in der Familie

ULRIKE STRERATH-BOLZ

Lieber Gott, der Tag geht zu Ende.
Wir legen ihn in deine Hand zurück.
Danke für alles, was heute schön war.
Danke für unser Essen, für die Schule, die Arbeit
und unser Zusammensein.
Wo wir uns gestritten haben,
schenk du uns Frieden.
Bitte beschütze alle, die wir lieb haben.
Gib uns allen eine ruhige Nacht
und lass uns morgen gesund aufwachen.

Abendgebet für ein krankes Kind

QUELLE UNBEKANNT

Lieber Gott,
unser Kind ist krank, es geht ihm ganz elend.
Wir bitten dich, lass es in dieser Nacht Ruhe finden,
damit es sich gut erholt und bald wieder gesund wird.
Sei du bei ihm in dieser Nacht,
schenke ihm schöne Träume
und lass es morgen früh erholt aufwachen.
Wir bitten dich auch für uns um eine gute Nacht.
Beschütze unsere ganze Familie
und schick uns deine Engel,
damit sie in dieser Nacht
bei uns Wache halten.

Im Krankenhaus

ANSELM GRÜN

Herr Jesus Christus, du bist gekommen, um unsere Wunden zu heilen. Du hast dich den kranken Menschen zugewandt, sie aufgerichtet und ihre Krankheiten geheilt.

Ich bitte dich: Sei du hier in diesem Krankenhaus bei den vielen Kranken. Sei du ihr eigentlicher Arzt, der durch die vielen Ärzte und Krankenschwestern die Kranken berührt und sie mit deiner heilenden Liebe erfüllt.

Gib den Kranken das Vertrauen, dass sie wieder gesund werden. Lehre sie, dass die Krankheit sie aufbrechen möchte für ihr wahres Selbst und für den Gott, der jenseits unserer Bilder ist.

Schenke ihnen die Hoffnung, dass sie durch die Krankheit eine neue Weise des Lebens und des Miteinanders lernen, eine behutsamere, achtsamere und dankbarere Art zu leben.

Lass dieses Krankenhaus zu einem Ort werden, an dem die Kranken aufatmen und dir und sich selbst auf neue Weise begegnen.

Wache du, Herr

Wache du, Herr, mit denen,
die wachen oder weinen in dieser Nacht.
Hüte deine Kranken.
Lass deine Müden ruhen.
Segne deine Sterbenden.
Tröste deine Leidenden.
Erbarme dich deiner Betrübten.
Und sei mit deinen Fröhlichen.

Gebet zur Nacht

ANSELM GRÜN

Barmherziger Gott,
die Nacht breitet sich über mich,
über mein Haus,
über meinen Alltag,
über meine Stadt,
ja, über die ganze Welt.
Segne diese Nacht,
dass es für mich und für die Menschen,
mit denen ich mich verbunden fühle,
eine gesegnete Nacht wird,
dass sie den inneren Lärm
mit ihrer Stille vertreibt
und die Unruhe meines Herzens zur Ruhe bringt.
Decke du in dieser Nacht zu, was uns trennt,
damit uns die Dunkelheit und Stille
nun auf einer tieferen Ebene miteinander verbindet.
Ermögliche uns in unseren festgefahrenen Konflikten
durch diese Nacht einen neuen Anfang.
Segne diese Nacht,
dass ihre Stille
den aufgewühlten Menschen Frieden schenkt,
durch Christus, unsern Herrn.

Für den Frieden der Nacht

Den tiefen Frieden im Rauschen der Wellen
wünsche ich dir.

Den tiefen Frieden im schmeichelnden Wind
wünsche ich dir.

Den tiefen Frieden über dem stillen Land
wünsche ich dir.

Den tiefen Frieden unter den leuchtenden Sternen
wünsche ich dir.

Den tiefen Frieden der ruhigen Nacht
wünsche ich dir.

Den tiefen Frieden des guten Schlafs
wünsche ich dir.

Den tiefen Frieden vom Sohn des Friedens
wünsche ich dir.

Segne meine Hände

Herr, segne meine Hände,
dass sie behutsam seien,
dass sie halten können, ohne zu Fesseln zu werden,
dass sie geben können ohne Berechnung,
dass ihnen innewohnt die Kraft,
zu trösten und zu segnen.

Herr, segne meine Augen,
dass sie Bedürftigkeit wahrnehmen,
dass sie das Unscheinbare nicht übersehen,
dass sie hindurchschauen durch das Vordergründige,
dass andere sich wohlfühlen können
unter meinem Blick.

Herr, segne meine Ohren,
dass sie deine Stimme zu erhorchen vermögen.
dass sie hellhörig seien für die Stimme der Not,
dass sie verschlossen seien für Lärm und Geschwätz,
dass sie das Unbequeme nicht überhören.

Herr, segne meinen Mund,
dass er dich bezeuge,
dass nichts von ihm ausgehe,
was verletzt und zerstört,
dass er heilende Worte spreche,
dass er Anvertrautes bewahre.

Herr, segne mein Herz,
dass es Wohnstatt sei deinem Geist,
dass es Wärme schenken und bergen kann,
dass es reich sei an Verzeihung,
dass es Leid und Freude teilen kann.

Großer Abendsegen

ANSELM GRÜN

Barmherziger und guter Gott,
du bist die Quelle allen Segens.
Ich bitte dich, segne mich und segne all die Menschen,
die mir am Herzen liegen.
Halte schützend deine segnende Hand über
die Menschen.
Segne das Werk meiner Hände,
damit meine Arbeit zum Segen wird für die Menschen.
Segne diesen Tag,
damit alles, was ich heute in der Hand hatte,
gelingen möge.
Segne die Gespräche, die ich heute geführt habe.
Segne die Begegnungen des heutigen Tages,
damit sie zum Segen werden für mich und alle,
denen ich begegne.
Segne alle Menschen, die sich ungeliebt fühlen.
Sende ihnen deinen Segen als Liebe.
Sende deinen Segen
als Hoffnung zu den Hoffnungslosen und Verzweifelten,
als Lebendigkeit zu den Erstarrten,
als Licht zu denen, in deren Herzen es dunkel
geworden ist.

Segne die Menschen, die krank sind und
an sich selbst leiden,
damit sie neue Hoffnung schöpfen.
Segne die Sterbenden,
dass sie in ihrem Sterben das Zeitliche segnen
und so zum Segen werden für alle,
die noch in der Zeit sind.
Segne uns alle,
damit wir füreinander zum Segen werden.
Erfülle mit deinem Segen die ganze Welt,
damit wir die Welt als Segen erfahren dürfen.
Erfülle alle Menschen, die mir nahe sind,
mit deinem Segen.
Lass uns auch morgen überall deinen Segen erfahren,
in der Stille, im Gebet, in Begegnungen, in Gesprächen,
bei der Arbeit und in allem, was wir erleben.
So segne uns und alle, die uns nahestehen,
der gütige und barmherzige Gott,
der Vater, der Sohn und der Heilige Geist.

Der Herr sei mit dir

SEDULIUS CAELIUS

Der Herr sei vor dir,
um dir den rechten Weg zu zeigen.
Der Herr sei neben dir,
um dich in die Arme zu schließen und dich zu schützen.
Der Herr sei hinter dir,
um dich zu bewahren
vor der Heimtücke böser Menschen.
Der Herr sei unter dir,
um dich aufzufangen, wenn du fällst,
um dich aus der Schlinge zu ziehen.
Der Herr sei in dir,
um dich zu trösten, wenn du traurig bist.
Der Herr sei um dich herum,
um dich zu verteidigen,
wenn andere über dich herfallen.
Der Herr sei über dir, um dich zu segnen.
So segne dich der gütige Gott.

Dein Wille geschehe

Ich danke dir, allmächtiger Gott,
der Himmel und Erde erschuf.
Dein Wille geschehe auf Erden
wie im Himmel.
Segne alle, die deinen guten Willen verkünden
in diesem Land und anderswo.
Segne die Glaubenden
und segne besonders die,
die noch nicht glauben können.
Segne mich und meine Lieben.
Gieß deinen Segen aus
über die ganze Welt.

Bibliografische Information der Deutschen Nationalbibliothek

Die Deutsche Nationalbibliothek verzeichnet diese Publikation in der Deutschen Nationalbibliografie. Detaillierte bibliografische Daten sind im Internet über http://dnb.d-nb.de abrufbar.

In gleicher Ausstattung erhältlich
Halte uns in deiner Hand – Gebete für die Familie
Du bist meine Freude – Gebete aus dem Kloster

Textnachweis
S. 8, 18, 24, 36, 40, 42, 46, 54, 60: Anselm Grün, Mein Gebetbuch, Vier-Türme-Verlag, Münsterschwarzach 2010
S. 9, 26: Benediktinisches Antiphonale, Band III, herausgegeben von der Abtei Münsterschwarzach, Vier-Türme-Verlag, Münsterschwarzach 2002
S. 21: Benediktinisches Antiphonale, Band II, herausgegeben von der Abtei Münsterschwarzach, Vier Türme Verlag, Münsterschwarzach 2002
S. 56: Anselm Grün, Morgen- und Abendgebete, Vier-Türme-Verlag, Münsterschwarzach 2013

1. Auflage 2015
© Vier-Türme GmbH, Verlag, Münsterschwarzach 2015
Alle Rechte vorbehalten

Lektorat: Andrea Langenbacher
Gestaltung: wunderlichundweigand, Stefan Weigand
Umschlagfoto: © chichi/iStock.com
Druck und Bindung: CPI books GmbH, Leck
ISBN 978-3-89680-927-8

www.vier-tuerme-verlag.de